Ulf Schröder

Prototyping in der Softwareentwicklung

GRIN Verlag

Bibliografische Information der Deutschen Nationalbibliothek:

Die Deutsche Bibliothek verzeichnet diese Publikation in der Deutschen National-
bibliografie; detaillierte bibliografische Daten sind im Internet über http://dnb.d-
nb.de/ abrufbar.

Impressum:

Copyright © 2008 GRIN Verlag GmbH
Druck und Bindung: Books on Demand GmbH, Norderstedt Germany
ISBN: 978-3-640-36223-3

Dieses Buch bei GRIN:

http://www.grin.com/de/e-book/130044/prototyping-in-der-softwareentwicklung

GRIN - Your knowledge has value

Der GRIN Verlag publiziert seit 1998 wissenschaftliche Arbeiten von Studenten, Hochschullehrern und anderen Akademikern als eBook und gedrucktes Buch. Die Verlagswebsite www.grin.com ist die ideale Plattform zur Veröffentlichung von Hausarbeiten, Abschlussarbeiten, wissenschaftlichen Aufsätzen, Dissertationen und Fachbüchern.

Besuchen Sie uns im Internet:

http://www.grin.com/

http://www.facebook.com/grincom

http://www.twitter.com/grin_com

Prototyping in der Softwareentwicklung

Referat für das Modul SWE02 –
Softwareentwicklung Aufbaukurs

Ulf Schröder

Düsseldorf, 25.01.2008

Inhaltsverzeichnis

1 Aufgabenstellung

Im Rahmen des Referats „Prototyping in der Softwareentwicklung" sollen in einem Überblick die Arten, Wirkungsweise sowie Konsequenzen von Prototypen in der Softwareentwicklung dargestellt werden.

Hierzu werden eingangs die Begriffe Prototyp und Prototyping definiert und abgegrenzt.

Anschließend wird auf rückkopplungsbedingte Probleme der Softwareentwicklung eingegangen und das Prototyping als mögliches Lösungsmodell vorgestellt. In Kapitel 4 wird anschließend auf Prototyping-Modell sowie ihre Wirkung im Softwareentwicklungsprozess eingegangen. Kapitel 6 beinhaltet die Darstellung einzelner Prototypen und ihrer Aufgaben in der Softwareentwicklung. Das Referat schließt mit einer Zusammenfassung.

2 Grundlagen

2.1 Begriffsdefinitionen und -abgrenzungen

In der Softwareentwicklung wird unter einem Prototyp eine Anfangsversion einer Softwarelösung verstanden, die dazu dient, Konzepte zu demonstrieren, Entwurfsvorschläge auszuprobieren und Erkenntnisse über ein Problem sowie dessen Lösungsmöglichkeiten zu gewinnen.[1] Diese Vorgehensweise wird auch als Prototyping bezeichnet.[2]

Im Gegensatz zu anderen Ingenieurdisziplinen ist ein Prototyp in der Softwareentwicklung nicht das erste Muster in einer Großserienproduktion (z.B. Autos), da die Vervielfältigung von Softwareprodukten kein Ingenieurproblem darstellt[3].

Zwischen einem Prototypen und der fertigen Softwarelösung können sich verschiedene Beziehungen ergeben: Der Prototyp dient lediglich der Klärung von Problemen während des Entwicklungsprozesses, er ist Teil der Produktdefinition oder er wird weiterentwickelt um am Ende eine lauffähige Softwarelösung zu erhalten[4]

2.2 Probleme der Softwareentwicklung

In der Softwareentwicklung treten Probleme auf, die durch die klassischen Modelle (z.B. dem Wasserfallmodell) nicht gelöst werden können. Diese Probleme sind häufig in einer fehlenden Rückkopplung zwischen Auftraggebern, Anwendern und Entwicklern des Systems begründet:[5]

- Während der Entwicklung eines Softwaresystems ist eine Zusammenarbeit von Entwicklern und Anwendern ein wichtiges Erfolgskriterium. Der Austausch endet in klassischen Vorgehensmodellen jedoch sobald die Anforderungen erstellt sind. Entwickler ziehen sich dann für die Realisierung zurück und präsentieren erst nach Fertigstellung des Softwareproduktes ein Ergebnis. Eine Einflussmöglichkeit der Anwender im Realisierungsprozess des Softwareproduktes ist nicht vorgesehen.

- Auftraggeber und Anwender sind häufig nicht in der Lage die Anforderungen an das System ausreichend und innerhalb der dafür vorgesehenen Definitionsphase zu beschreiben.

---

[1] Vgl. Sommerville, Ian: Software Engineering, 6. Auflage, München 2001, S. 181
[2] Vgl. Balzert. Helmut: Lehrbuch der Softwaretechnik: Softwaremanagement, Software-Qualitätssicherung, Unternehmensmodellierung, Heidelberg/Berlin 1998., S. 115
[3] Vgl. Balzert, S. 114
[4] Vgl. Balzert, S. 117
[5] Vgl. Balzert, S. 114

- Manche Anforderungen beinhalten unterschiedliche Lösungsmöglichkeiten welche experimentell erprobt und mit dem Auftraggeber und den Anwendern diskutiert werden müssten bevor eine Entscheidung für eine Lösung getroffen werden kann.

- Machbarkeitsaussagen können häufig nicht auf Basis theoretischer Aussagen getroffen werden.

- Der Auftraggeber lässt sich von der Durchführbarkeit und Handhabbarkeit einer Idee durch theoretische Vorschläge nur schwer überzeugen.

3 Lösungsmodell Prototyping

Prototyping unterstützt in besonderer Weise die Kommunikation zwischen Auftraggeber, Anwendern und Entwicklern und ist ein geeignetes Modell um rückkopplungsbedingten Problemen in der Softwareentwicklung entgegenzuwirken.

Auf die Entwicklung eines Prototyps sollte immer dann zurückgegriffen werden, wenn die Ziele einer Softwarelösung definiert sind, die Anforderungen jedoch nicht hinreichend klar sind oder auf andere Weise nicht erklärt werden können. Des Weiteren, wenn die Eigenschaften der Benutzerschnittstelle zwischen Anwendern und Entwicklern abgestimmt werden müssen oder die Effizienz eines Algorithmus vorab geprüft werden muss[6]. Wesentliche Faktoren eines erfolgreichen Prototyping sind u.a. der Einsatz geeigneter Werkzeuge, der direkte Kontakt zwischen Anwendern und Entwicklern, ausreichendes Wissen über das Anwendungsgebiet des Prototyps sowie die Dokumentation[7]. Prototyping kann sowohl als Teil eines Vorgehensmodells (z.B. als Erweiterung des Wasserfallmodels) als auch als eigenständiges Vorgehensmodell eingesetzt werden[8]. Insbesondere das Spiralmodell - welches dem Prototyping Ansatz folgt – hat sich in der Softwareentwicklung etabliert.[9]

In der Literatur wird von einigen Autoren die Weiterverwendung von Prototypen über die Anforderungsphase hinaus wegen mangelnder Qualität prinzipiell ausgeschlossen („Wegwerfprototyp").

Die Unterscheidung von Prototypen und dem eigentlichen Softwareprodukt wird heute jedoch immer schwieriger, da viele Systeme in einem evolutionären Ansatz entwickelt werden. Dabei wird in kürzester Zeit eine erste Version der Softwarelösung entwickelt und diese solange modifiziert, bis die endgültige Softwarelösung erstellt ist[10].

Folgende Vor- und Nachteile für das Prototyping lassen sich zusammenfassen[11]

Vorteile:

- Reduzierung des Entwicklungsrisikos

- Integration in andere Prozessmodell möglich

- Schnell Erstellung durch spezielle Werkzeuge

---

[6] Vgl. Raasch, Jörg: Systementwicklung mit Strukturierten Methoden: Ein Leitfaden für Praxis und Studium. München/Wien 1991, S. 413
[7] Vgl. Balzert, S. 119
[8] Vgl. Elzer, Peter F.: Management von Softwareprojekten: Eine Einführung für Studenten und Praktiker, Braunschweig/Wiesbaden 1994, S. 193
[9] Vgl. Zöller-Greer, Peter: Softwareengineering für Ingenieure und Informatiker: Planung, Entwurf und Implementierung, Braunschweig/Wiesbaden 2002, S. 14
[10] Vgl. Sommerville, S. 182

- Verbesserte Planung von Software

- Rückkopplung von Auftraggeber, Entwickler und Anwender

Nachteile:

- Höherer Entwicklungsaufwand

- Gefahr, dass ein („Wegwerf")-Prototyp aus Termingründen Teil des Endproduktes wird

- Prototypen werden oft als Ersatz für fehlende Dokumentation gesehen

- Beschränkungen und Grenzen von Prototypen sind oft nicht bekannt

---

[11] Balzert, S. 119

4 Arten des Prototyping

Je nach erwünschter Wirkung im Softwareentwicklungsprozess können folgende Prototyping-Modelle unterschieden werden.

4.1 Exploratives Prototyping

Mit Hilfe des exolorativen (erforschenden) Prototyping sollen bisher noch nicht erkannte Anforderungen an das System ermittelt werden. Es unterstützt primär die Kommunikation zwischen Entwicklern und Anwendern und sorgt somit für eine Beteiligung der zukünftigen Benutzer eines Softwareproduktes am Entwicklungsprozess. Das explorative Prototyping kann als Hilfsmittel im Phasenmodell der Softwareentwicklung besonders den Prozess der Anforderungsdefinition unterstützen. Ein wesentliches Merkmal dieses Prototyping-Modells ist der „Wegwerfcharakter": Nach Erfüllung seiner Aufgabe wird der Prototyp nicht weiter verwendet. Eine saubere Konstruktion im Sinne der Qualitätsansprüche der Softwareentwicklung ist daher nicht erforderlich.[12]

4.2 Experimentelles Prototyping

Sind die wesentlichen Anforderungen an eine Softwarelösung bekannt, können mit dem experimentellen Prototyping Anforderungen verifiziert, ergänzt und unbekannte Lösungsansätze erprobt werden. Das experimentelle Prototyping ermöglicht eine Simulation der System-Funktionen, insbesondere die Bedienbarkeit. Somit bietet es ebenfalls eine gute Möglichkeit den Benutzer am Entwicklungsprozess zu beteiligen. Der Prototyp kann bei geeignetem Aufbau und unter Berücksichtigung von Qualitätsanforderungen auch als Kern des endgültigen Systems dienen.[13]

4.3 Evolutionäres Prototyping

Nach dem Prinzip des evolutionären Prototyping wird zunächst eine erste Implementierung der Softwarelösung entwickelt und diese dem Auftraggeber bzw. Anwender zur Kommentierung vorgestellt. Anschließend wird in weiteren Schritten der Prototyp so lange weiterentwickelt, bis eine angemessene Softwarelösung erreicht ist. Diese Art des Prototyping wurde ursprünglich für Systeme entwickelt, die sich nur schwer oder überhaupt nicht spezifizieren lassen (z.B. KI-Systeme). Ebenso macht das Tempo der wirtschaftlichen Veränderung es heutzutage erforderlich, dass Software schnell zur Verfügung steht. Das evolutionäre Prototyping bietet dort Vorteile, wo die schnelle Verfügbarkeit einer Softwarelösung wichtiger ist als Funktion und langfristige Wartbarkeit.[14] Damit dieses Prinzip funktioniert, muss der Prototyp bereits bei der Entwicklung

---

[12] Vgl. Elzer, S. 193 und 194
[13] Vgl. Elzer, S. 193
[14] Vgl. Sommerville, S. 185

auf Evolution ausgelegt sein. Im Gegensatz zum klassischen Phasenmodell der Softwareentwicklung folgt das evolutionäre Prototyping einem prozessorientiertem Ansatz. Dabei wird die Entwicklung einer Softwarelösung nicht als einmalige Aufgabe gesehen, sondern als dynamischer Prozess der Entwicklung von Systemversionen[15]

---

[15] Vgl. Albers, Stefan und Petzold, Hans Joachim: Datenorientierte Modellierung und Entwicklung betrieblicher Anwendungssysteme unter Beteiligung der Benutzer, in: Psychologie des Softwareentwurfs, hrsg. v. W. Dzida, und U. Konradt, Arbeit und Technik: Praxisorientierte Beiträge aus Psychologie und Informatik, Bd. V, Göttingen/Stuttgart, 1995, S. 25 - 44

4.4 Rapid Prototyping

Beim Rapid Prototyping werden spezielle Tools z.b. in Form von Generatoren zur Erstellung von Prototypen eingesetzt.[16] Dieses ermöglicht eine besonders einfache, schnelle und kostengünstige Entwicklung ohne besonderen Wert auf Leistungsfähigkeit, Wartungsfreundlichkeit oder Zuverlässigkeit des Prototyps zu legen. Tools für das Rapid Prototyping unterstützen einen visuellen Programmieransatz, bei dem der Prototyp interaktiv entwickelt wird. Anstatt ein sequentielles Programm zu schreiben werden mit graphischen Symbolen die Funktionen, Daten und Komponenten der Bedienoberfläche erstellt und Verarbeitungsregeln zugeordnet. Ein Generator erzeugt anschließend automatisch eine lauffähige Softwarelösung[17].

4.5 Horizontales Prototyping

Beim horizontalen Prototyping wird die gesamte Funktionalität einer Softwarelösung betrachtet, diese aber nur für eine spezifische Ebene realisiert.[18] Die abzubildende Ebene, z.B. die Benutzerschnittstelle oder die Datenbanktransaktion wird dabei möglichst vollständig realisiert. Bei einer Benutzerschnittstelle würde demnach die gesamte Oberfläche erstellt, jedoch ohne die dahinter liegenden Programmfunktionen.[19]

4.6 Vertikales Prototyping

Beim vertikalen Prototyping werden nur einige Programmfunktionen ausgewählt, diese aber vollständig implementiert[20] Dabei werden die für das Prototyping ausgewählten Funktionen der Softwarelösung vollständig durch alle Ebenen, von der Benutzeroberfläche bis zur Systemnahen Ebene implementiert um z.b. die Realisierbarkeit von Echtzeitanforderungen zu überprüfen.[21]

---

[16] Vgl. Dumke, Reiner: Software Engineering: Eine Einführung für Informatiker und Ingenieure – Systeme, Erfahrungen, Methoden, Tools, 4. überarbeitete und erweiterte Auflage, Wiesbaden 2003, S.116
[17] Vgl. Sommerville, S. 190
[18] Vgl. Dumke, S. 116
[19] Vgl. Balzert, S. 115
[20] Vgl. Dumke, S.116
[21] Vgl. Balzert, S. 116

5 Arten von Prototypen

Prototypen lassen sich anhand ihre Aufgaben unterscheiden. Im Rahmen der Softwareentwicklung ist es deshalb wichtig anzugeben, von welcher Art Prototyp gesprochen wird. Folgende vier Arten von Prototypen können unterschieden werden:[22]

5.1 Demonstrationsprototyp

Ein Demonstrationsprototyp wird häufig in der Akquisephase von Softwareaufträgen eingesetzt. Er soll einem potentiellen Auftraggeber einen Eindruck vermitteln, wie ein Produkt nach seinen Anforderungen aussehen könnte. Demonstrationsprototypen werden in der Regel möglichste schnell und unter Vernachlässigung softwaretechnischer Standards aufgebaut (z.B. mit Hilfe des Rapid Prototyping). Nach Erfüllung seiner Aufgabe wird der Demonstrationsprototyp nicht weiter für die Softwareentwicklung verwendet sondern weggeworfen.

5.2 Prototyp im engeren Sinne

Der Prototyp im engeren Sinne wird parallel zur Analyse und Modellierung des Anwendungsbereichs erstellt um Benutzerschnittstellen oder Funktionalitäten zu veranschaulichen. Dieser Prototyp ist eine provisorische, lauffähige Softwarelösung.

5.3 Labormuster

Konstruktionsbezogene Fragen und Alternativen werden mit einem Labormuster beantwortet. Dieser Prototyp demonstriert die technische Umsetzbarkeit einer Softwarelösung. Es werden Architektur und technische Funktionalität modelliert, welche mit dem späteren Produkt vergleichbar sein sollen. Anwender nehmen an der Evaluation eines Labormusters in der Regel nicht teil.

5.4 Pilotsystem

Ein Pilotsystem ist selbst Teil des Softwareproduktes und dient nicht nur der experimentellen Erprobung oder Veranschaulichung eines zu entwickelnden Softwareproduktes. Die Grenzen zwischen Prototyp und Softwareprodukt sind fließend. Bei gewissem Reifegrad eines Prototyps wird dieser zum Pilotsystem und in Zyklen (z.B. mit Hilfe des evolutionärem Prototyping) zur eigentlichen Softwarelösung weiterentwickelt.

---

[22] Vgl. Budde, R., Kantz, K., Kuhlenkamp, K., Züllinghoven, H., Prototyping – An Approach to Evolutionary System Development, Berlin, 1993 und Kieback, A.., Lichter, H., Schneider-Hufschmidt, M., Züllinghoven, H., Prototyping in industriellen Softwareprodukten, in: Informatik-Spektrum, 1992 Nr. 15, S. 65-77, zitiert in: Balzert, S. 115

6   Zusammenfassung

In der Softwareentwicklung wird unter einem Prototyp eine Anfangsversion einer Softwarelösung verstanden, die dazu dient, Konzepte zu demonstrieren, Entwurfsvorschläge auszuprobieren und Erkenntnisse über ein Problem sowie dessen Lösungsmöglichkeiten zu gewinnen. Diese Vorgehensweise wird auch als Prototyping bezeichnet. In der Softwareentwicklung treten häufig Probleme in der Rückkopplung zwischen Auftraggeber, Anwender und Entwickler auf, die durch die klassischen Vorgehensmodelle der Softwareentwicklung nicht gelöst werden können. Prototyping ist ein geeignetes Modell um diesen Problemen entgegenzuwirken indem es den Austausch zwischen Auftraggeber, Anwendern und Entwicklern fördert. Je nach erwünschter Wirkung im Softwareentwicklungsprozess wird zwischen experimentellem-, explorativem-, evolutioärem-Rapid-, sowie horizontalem und vertikalem Prototyping unterschieden. Anhand ihrer Aufgabe lassen sich der Demonstrationsprototyp, der Prototyp im engeren Sinne, das Labormuster und das Pilotsystem unterscheiden.

Literatur

Albers, Stefan und Petzold,   Datenorienterte Modellierung und Entwicklung betrieblicher
Hans Joachim: Anwendungssysteme unter Beteiligung der Benutzer, in: Phychologie
des Softwareentwurfs, hrsg. v. W. Dzida, und U. Konradt, Arbeit und
Technik: Praxisorientierte Beiträge aus Phychologie und Informatik,
Bd. V, Göttingen/Stuttgart, 1995, S. 25 – 44

Balzert, Helmut: Lehrbuch der Softwaretechnik: Softwaremanagement, Software-
Qualitätssicherung, Unternehmensmodellierung, Heidelberg/Berlin
1998

Dumke, Reiner: Software Engineering: Eine Einführung für Informatiker und
Ingenieure – Systeme, Erfahrungen, Methoden, Tools, 4.
überarbeitete und erweitere Auflage, Wiesbaden 2003

Elzer, Peter F.:   Management von Softwareprojekten: Eine Einführung für Studenten
und Praktiker, Braunschweig/Wiesbaden 1994

Raasch, Jörg: Systementwicklung mit Strukturierten Methoden: Ein Leitfaden für
Praxis und Studium. München/Wien 1991

Sommerville, Ian: Software Engineering, 6. Auflage, München 2001

Zöller-Greer, Peter: Softwareengineering für Ingenieure und Informatiker: Planung,
Entwurf und Implementierung, Braunschweig/Wiesbaden 2002